Impressum
Verlag: BABADADA GmbH, Nedderfeld 112 , 22529 Hamburg
Geschäftsführer / Verlagsleitung: Harald Hof
Druck: Books on Demand GmbH, In de Tarpen 42, 22848 Norderstedt

Imprint
Publisher: BABADADA GmbH, Nedderfeld 112 , 22529 Hamburg, Germany
Managing Director / Publishing direction: Harald Hof
Print: Books on Demand GmbH, In de Tarpen 42, 22848 Norderstedt

學校
escuela

教室
aula

除
dividir

186/2

黑板
pizarra

校園
patio

老師
maestro/a

紙
papel

書寫
escribir

筆
bolígrafo

辦公桌
escritorio

直尺
regla

書
libro

學生
alumno/a

書包

cartera

鉛筆盒

caja de lápices

鉛筆

lápiz

削鉛筆機

sacapuntas

橡皮擦

goma de borrar

畫板

cuaderno de dibujo

圖畫
dibujo

畫筆
pincel

顏料盒
caja de pinturas

剪刀
tijeras

膠水
pegamento

練習冊
cuaderno de ejercicios

家庭作業
deberes

12

數字
número

2+2

加
sumar

5-2

減
restar

2×2

乘
multiplicar

計算
calcular

A

字母
letra

ABCDEFG
HIJKLMN
OPQRSTU
VWXYZ

字母表
alfabeto

hello

字
palabra

學校 - escuela

課文

texto

讀

leer

粉筆

tiza

上課

lección

登記

cuaderno de notas

考試

examen

證書

certificado

校服

uniforme escolar

教育

educación

百科全書

enciclopedia

大學

universidad

顯微鏡

microscopio

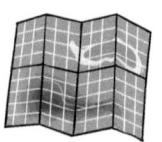

地圖

mapa

廢紙簍

papelera

飯店
hotel

青年旅社
albergue

ROOMS

EXCHANGE

外幣兌換處
oficina de cambio de divisas

手提箱
maleta

汽車
coche

語言
idioma

是/否
sí / no

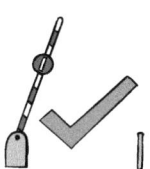

好的
Vale

您好
hola

翻譯人員
traductor

謝謝
Gracias

……多少錢？

¿cuánto es…?

我不明白

No entiendo

問題

problema

晚上好！

¡Buenas tardes!

早上好！

¡Buenos días!

晚安！

¡Buenas noches!

再見

adiós

方向

dirección

行李

equipaje

包

bolsa

背包

mochila

客人

invitado

房間

habitación

睡袋

saco de dormir

帳篷

tienda de campaña

旅行資訊

información turística

海灘

playa

信用卡

tarjeta de crédito

早餐

desayuno

午餐

almuerzo

晚餐

cena

票

billete

電梯

ascensor

郵票

sello

邊界

frontera

海關

aduana

大使館

embajada

簽證

visa

護照

pasaporte

交通運送

transporte

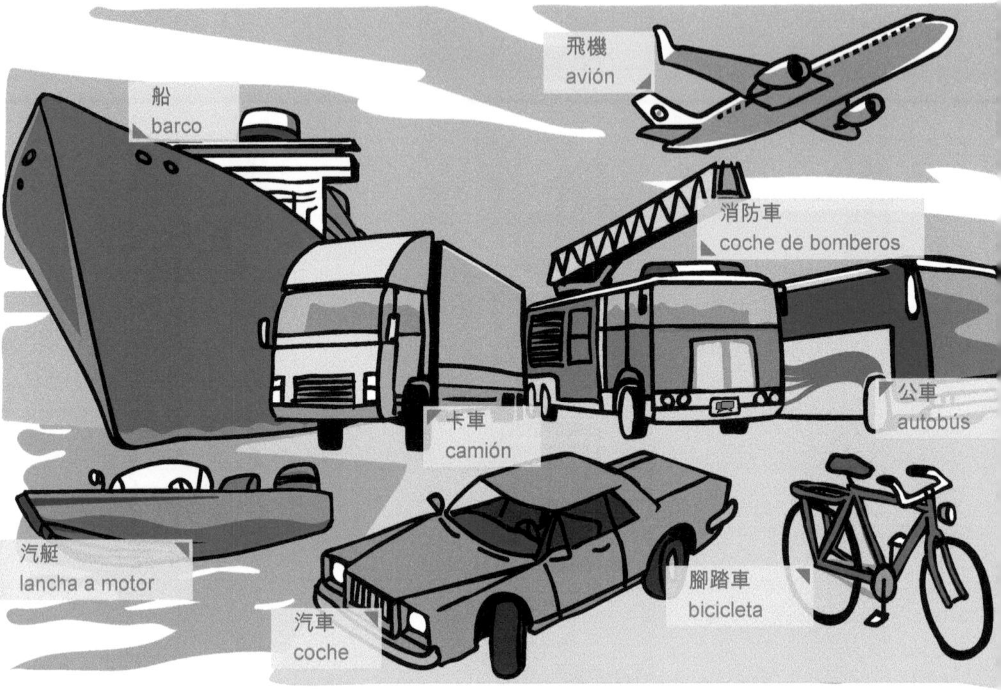
飛機
avión
船
barco
消防車
coche de bomberos
公車
autobús
卡車
camión
汽艇
lancha a motor
腳踏車
bicicleta
汽車
coche

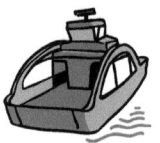

渡輪

transbordador

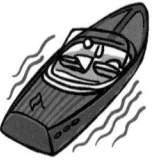

小船

barca

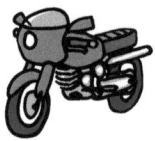

機車

moto

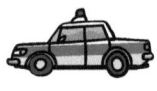

警車

coche de policía

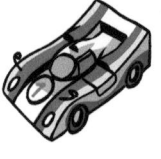

賽車

coche de carreras

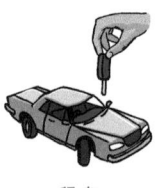

租車

coche de alquiler

拼車

préstamo de vehículos

拖車

grúa

垃圾車

camión de la basura

馬達

motor

汽油

gasolina

加油站

gasolinera

交通標識

señal de tráfico

交通

tráfico

交通堵塞

atasco

停車場

aparcamiento

火車站

estación de tren

軌道

vías

火車

tren

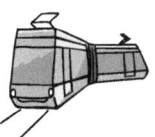

路面電車

tranvía

客車廂

vagón

直升機

helicóptero

機場

aeropuerto

塔

torre

乘客

pasajero

集裝箱

contenedor

紙板箱

caja de cartón

手推車

carretilla

籃子

cesta

起飛/降落

despegar / aterrizar

城市

ciudad

村莊

pueblo

市中心

centro de ciudad

房子

casa

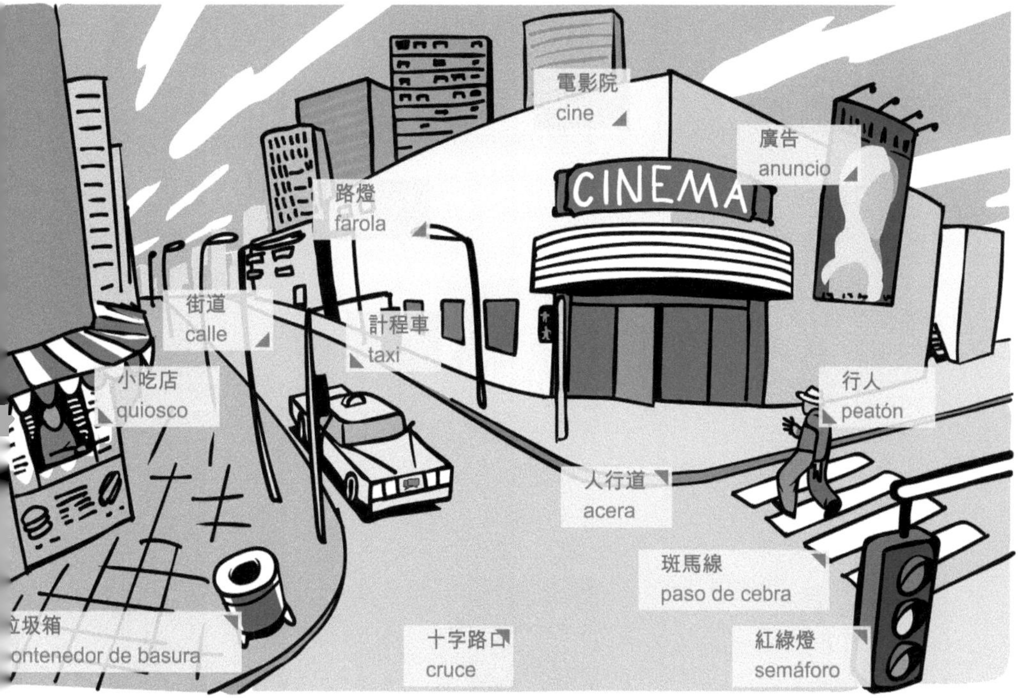

電影院
cine

廣告
anuncio

路燈
farola

街道
calle

計程車
taxi

小吃店
quiosco

行人
peatón

人行道
acera

斑馬線
paso de cebra

垃圾箱
contenedor de basura

十字路口
cruce

紅綠燈
semáforo

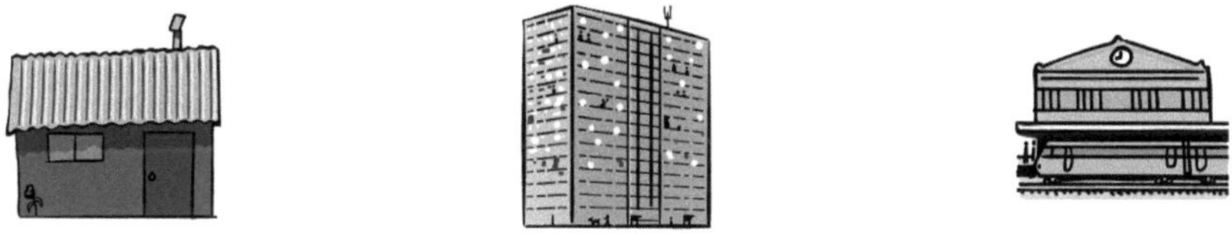

小屋
cabaña

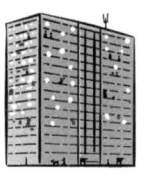

公寓
apartamento

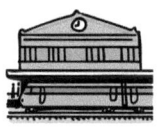

火車站
estación de tren

市政廳
ayuntamiento

博物館
museo

學校
escuela

大學

universidad

銀行

banco

醫院

hospital

飯店

hotel

藥房

farmacia

辦公室

oficina

書店

librería

商店

tienda

花店

floristería

超市

supermercado

市場

mercado

百貨商店

grandes almacenes

魚店

pescadería

購物中心

centro comercial

海港

puerto

公園

parque

長凳

banco

橋

puente

樓梯

escaleras

捷運

metro

隧道

túnel

公車站

parada de autobús

酒吧

bar

餐館

restaurante

郵筒

buzón

路標

poste indicador

停車計時器

parquímetro

動物園

zoo

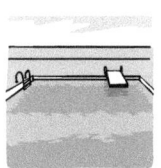

游泳池

piscina

清真寺

mezquita

農場

granja

污染

contaminación

墓地

cementerio

教堂

iglesia

操場

patio de juego

寺廟

templo

地形
paisaje

樹葉
hoja

指示牌
señal

路
camino

草地
prado

石頭
piedra

徒步旅行者
excursionista

樹
árbol

河
río

草
hierba

花
flor

峽谷

valle

丘陵

colina

湖

lago

森林

bosque

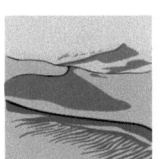

沙漠

desierto

火山

volcán

城堡

castillo

彩虹

arcoíris

蘑菇

champiñón

棕櫚樹

palmera

蚊子

mosquito

蒼蠅

mosca

螞蟻

hormiga

蜜蜂

abeja

蜘蛛

araña

地形 - paisaje

甲蟲

escarabajo

青蛙

rana

松鼠

ardilla

刺蝟

erizo

野兔

liebre

貓頭鷹

lechuza

鳥

pájaro

天鵝

cisne

野豬

jabalí

鹿

ciervo

麋鹿

alce

水壩

presa

風力發電機

turbina eólica

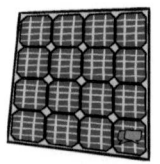

太陽能電池板

panel solar

氣候

clima

餐館
restaurante

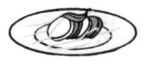

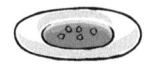

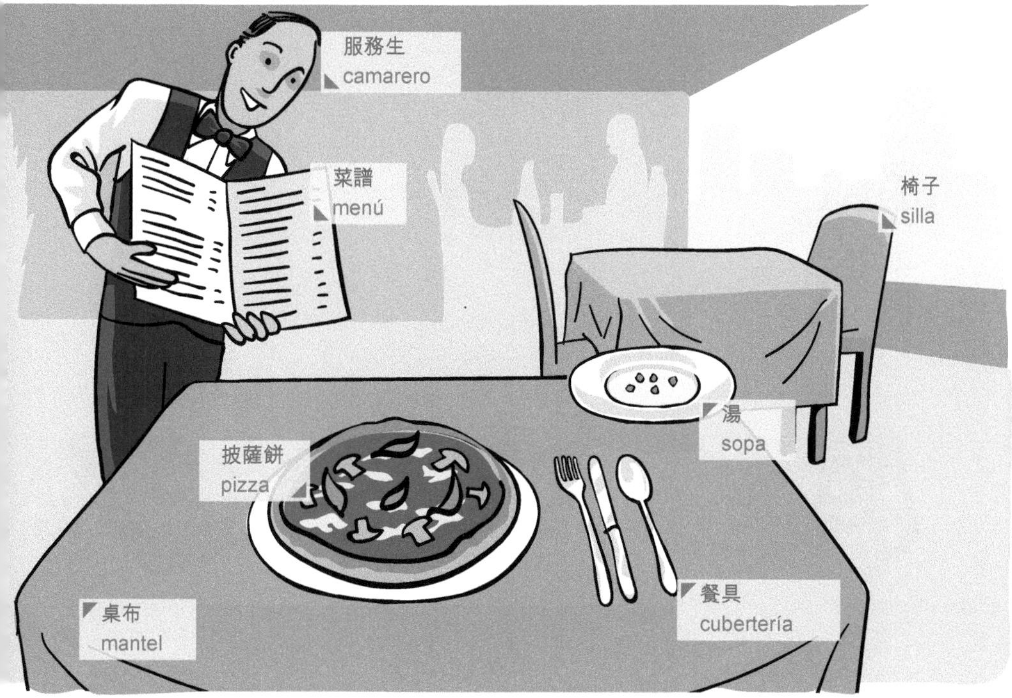

服務生
camarero
菜譜
menú
椅子
silla
湯
sopa
披薩餅
pizza
餐具
cubertería
桌布
mantel

前菜

primer plato

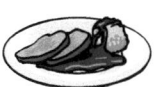

主菜

plato principal

甜點

postre

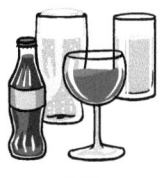

飲料

bebidas

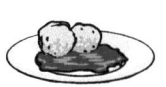

食物

comida

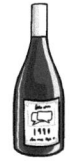

瓶子

botella

速食

comida rápida

街邊小吃

comida callejera

茶壺

tetera

糖盒

azucarero

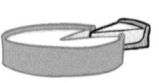

一份飯菜

porción

義式咖啡機

cafetera expreso

高腳椅

trona

帳單

cuenta

托盤

bandeja

刀

cuchillo

餐叉

tenedor

勺子

cuchara

茶匙

cucharilla

餐巾

servilleta

玻璃杯

vaso

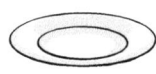

碟子

plato

湯盤

plato hondo

碟子

platillo

醬

salsa

鹽瓶

salero

胡椒研磨罐

molinillo de pimienta

醋

vinagre

食用油

aceite

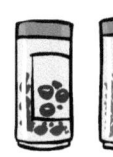

調味料

especias

番茄醬

ketchup

芥末

mostaza

美乃滋

mayonesa

超市

supermercado

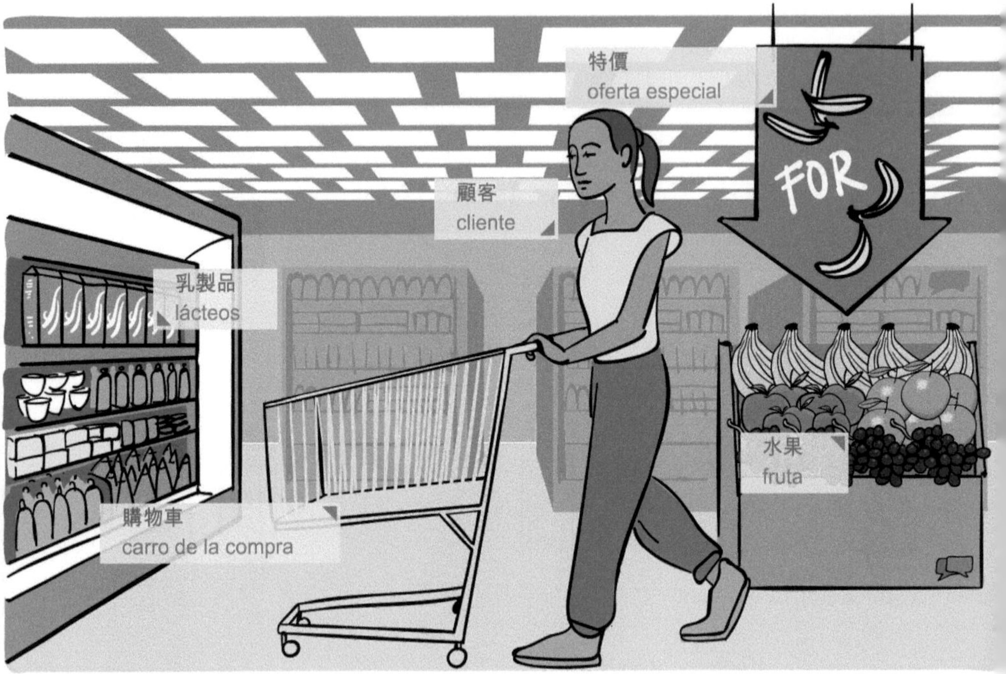

特價
oferta especial
FOR
顧客
cliente
乳製品
lácteos
水果
fruta
購物車
carro de la compra

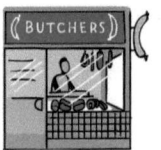

BUTCHERS

肉鋪

carnicería

BAKERY

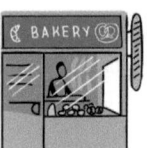

麵包店

panadería

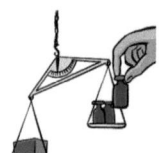

稱重

pesar

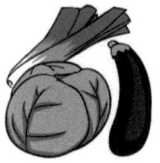

蔬菜

verduras

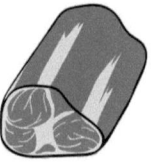

肉

carne

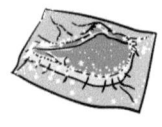

冷凍食品

alimentos congelados

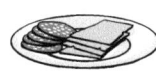

冷盤
fiambres

罐頭食品
conservas

洗衣粉
detergente en polvo

甜食
dulces

日用品
productos de uso doméstico

清潔用品
productos de limpieza

銷售員
vendedora

收銀機
caja

收銀員
cajero

購物清單
lista de la compra

開放時間
horario de atención al
público

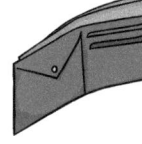

錢包
cartera

信用卡
tarjeta de crédito

袋子
bolsa

塑膠袋
bolsa de plástico

水

agua

果汁

zumo

牛奶

leche

可樂

cola

紅酒

vino

啤酒

cerveza

酒

alcohol

可可

cacao

茶

té

咖啡

café

義式濃縮咖啡

expreso

卡布奇諾

capuchino

香蕉

plátano

蘋果

manzana

柳丁

naranja

西瓜

melón

檸檬

limón

胡蘿蔔

zanahoria

大蒜

ajo

竹子

bambú

洋蔥

cebolla

蘑菇

champiñón

堅果

avellanas

麵條

fideos

義大利麵

espagueti

米飯

arroz

沙拉

ensalada

薯條

patatas fritas

炸馬鈴薯

patatas fritas

披薩餅

pizza

漢堡

hamburguesa

三明治

sándwich

炸豬排

filete

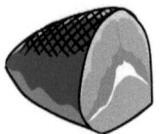

火腿

jamón

義大利臘腸

salami

香腸

salchicha

雞肉

pollo

烤肉

asado

魚

pescado

燕麥片

copos de avena

木斯里

muesli

玉米片

copos de maíz

麵粉

harina

牛角麵包

cruasán

麵包捲

panecillo

麵包

pan

吐司

tostada

餅乾

galletas

奶油

mantequilla

凝乳

cuajada

蛋糕

pastel

蛋

huevo

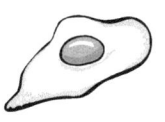

煎蛋

huevo frito

起司

queso

冰淇淋

helado

糖

azúcar

蜂蜜

miel

果醬

mermelada

巧克力醬

crema de turrón

咖哩

curry

granja

農舍
granja

糧倉
granero

稻草捆
fardo de paja

田野
campo

馬
caballo

拖車
remolque

拖拉機
tractor

馬駒
potro

驢
burro

羔羊
cordero

羊
oveja

山羊

cabra

奶牛

vaca

小牛

ternero

豬

cerdo

小豬

cerdito

公牛

toro

鵝

ganso

鴨

pato

小雞

pollo

母雞

gallina

公雞

gallo

鼠

rata

貓

gato

老鼠

ratón

牛

buey

狗

perro

狗屋

perrera

花園澆水軟管

manguera

澆水壺

regadera

長柄大鐮刀

guadaña

犁

arado

鐮刀

hoz

鋤頭

azada

長柄草耙

horca

斧頭

hacha

獨輪手推車

carretilla

飼料槽

abrevadero

牛奶罐

lechera

麻布袋

saco

柵欄

valla

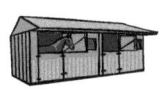

馬廄

establo

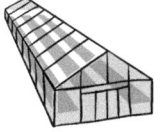

溫室

invernadero

土壤

suelo

種子

semilla

肥料

fertilizador

聯合收割機

cosechadora

收割

cosechar

收割

cosecha

地瓜

ñame

小麥

trigo

大豆

soja

土豆

patata

玉米

maíz

油菜籽

semilla de colza

果樹

árbol frutal

樹薯

mandioca

穀物

cereales

房子
casa

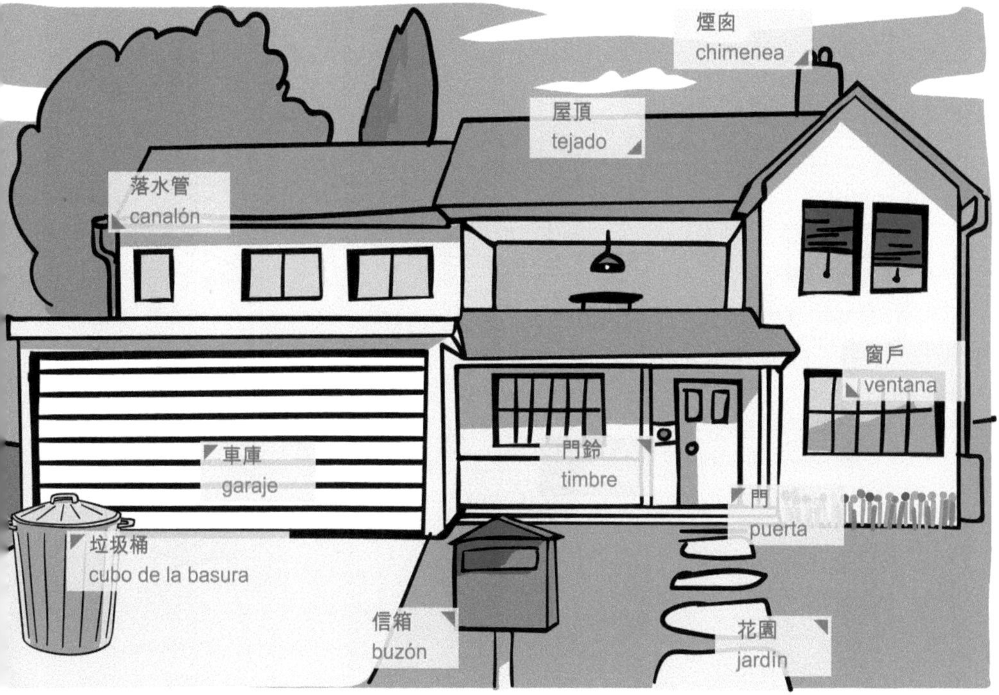
煙囪
chimenea
屋頂
tejado
落水管
canalón
窗戶
ventana
車庫
garaje
門鈴
timbre
門
puerta
垃圾桶
cubo de la basura
信箱
buzón
花園
jardín

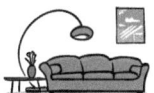

客廳

sala

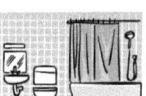

浴室

cuarto de baño

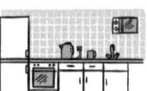

廚房

cocina

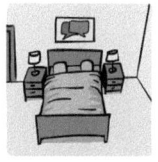

臥室

dormitorio

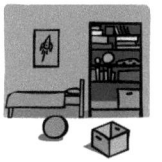

兒童房

habitación de los niños

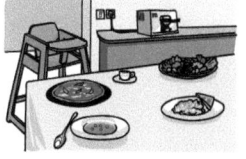

餐廳

comedor

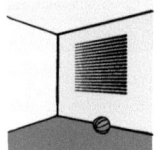

地板
suelo

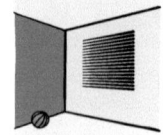

牆壁
pared

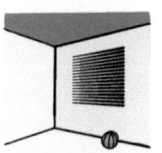

天花板
techo

地窖
sótano

三溫暖
sauna

陽臺
balcón

露臺
terraza

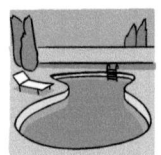

游泳池
piscina

割草機
cortacésped

被單
sábana

床罩
colcha

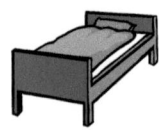

床
cama

掃帚
escoba

水桶
balde

開關
interruptor

客廳
sala

壁紙
papel pintado
相片
imagen
檯燈
lámpara
擱架
estante
櫥櫃
armario
電視
televisión
壁爐
chimenea
花
flor
墊子
cojín
沙發
sofá
花瓶
jarrón
遙控器
mando a distancia

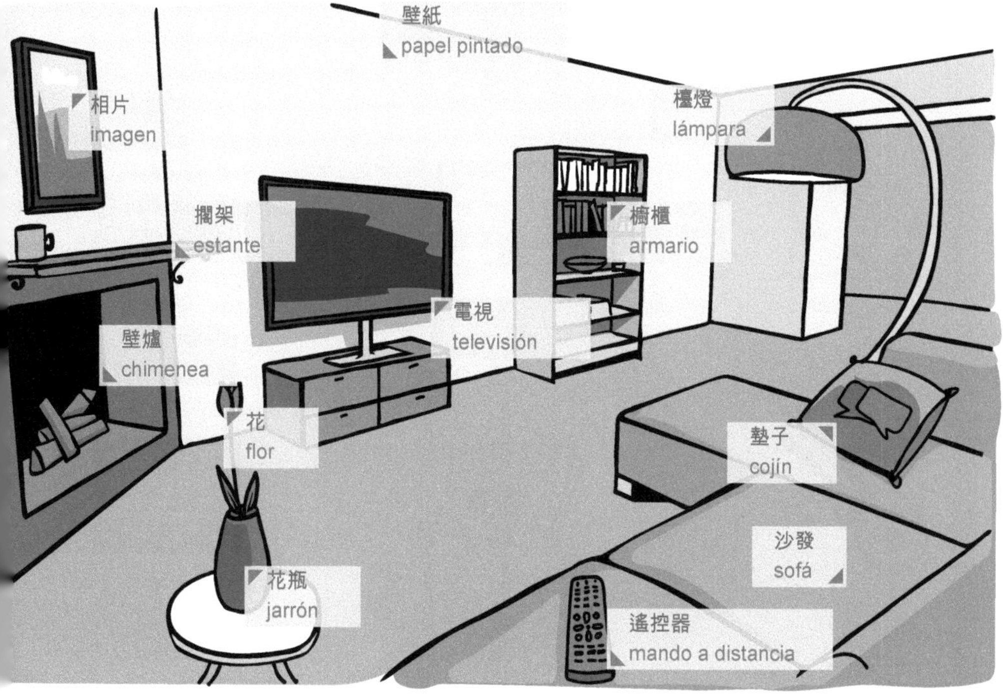

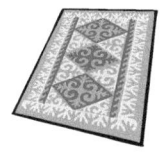

地毯
alfombra

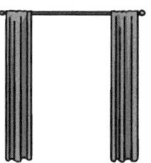

窗簾
cortina

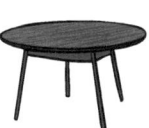

餐桌
mesa

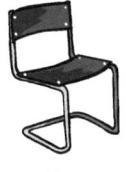

椅子
silla

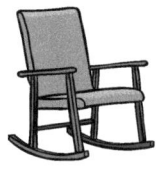

搖椅
mecedora

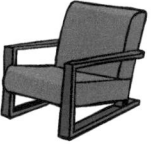

扶手椅
butaca

書

libro

毯子

manta

裝飾品

decoración

木柴

leña

電影

película

高傳真音響

equipo de música

鑰匙

llave

報紙

periódico

油畫

pintura

海報

póster

收音機

radio

筆記本

cuaderno

吸塵器

aspiradora

仙人掌

cactus

蠟燭

vela

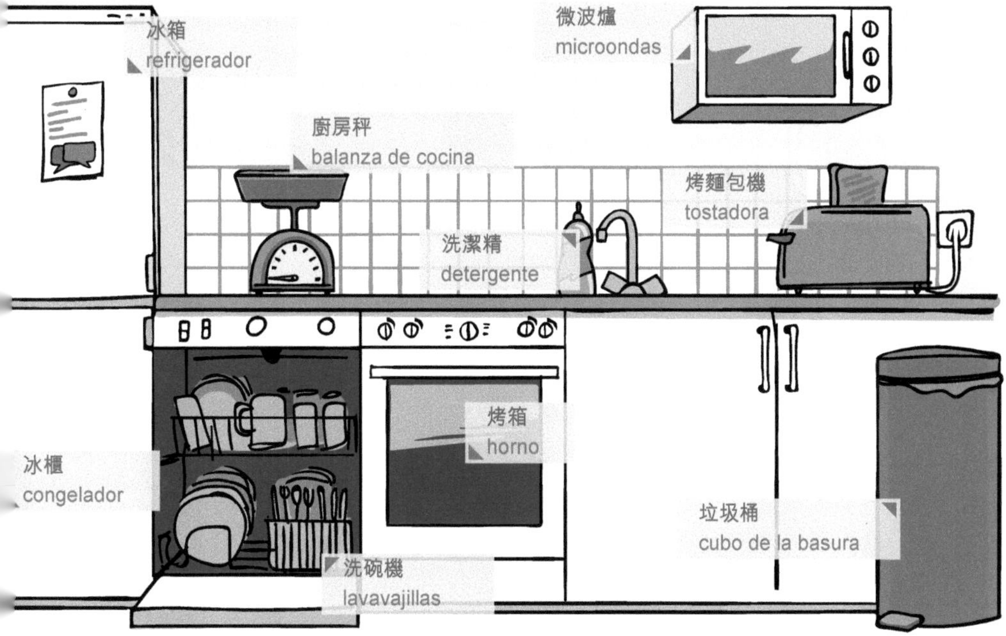

冰箱
refrigerador

微波爐
microondas

廚房秤
balanza de cocina

烤麵包機
tostadora

洗潔精
detergente

烤箱
horno

冰櫃
congelador

垃圾桶
cubo de la basura

洗碗機
lavavajillas

炊具
olla a presión

鍋
olla

鑄鐵鍋
olla de hierro fundido

炒鍋
wok / karahi

平底鍋
cazuela

水壺
hervidor

蒸鍋

vaporera

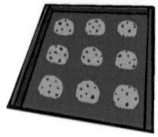

烤盤

chapa de horno

陶瓷鍋

vajilla

馬克杯

taza

碗

tazón

筷子

palillos

長柄勺

cucharón

鏟子

espumadera

攪拌器

batidor

濾網

colador

篩子

cedazo

磨碎機

rallador

研缽

mortero

燒烤

barbacoa

明火

hoguera

菜板

tabla de picar

擀麵杖

rodillo

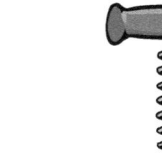

開瓶器

sacacorchos

罐子

lata

開罐器

abrelatas

隔熱手套

agarrador

水槽

lavabo

刷子

cepillo

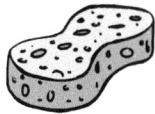

海綿

esponja

攪拌機

batidora

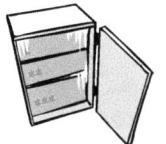

冷藏箱

congelador

奶瓶

biberón

水龍頭

grifo

浴室

cuarto de baño

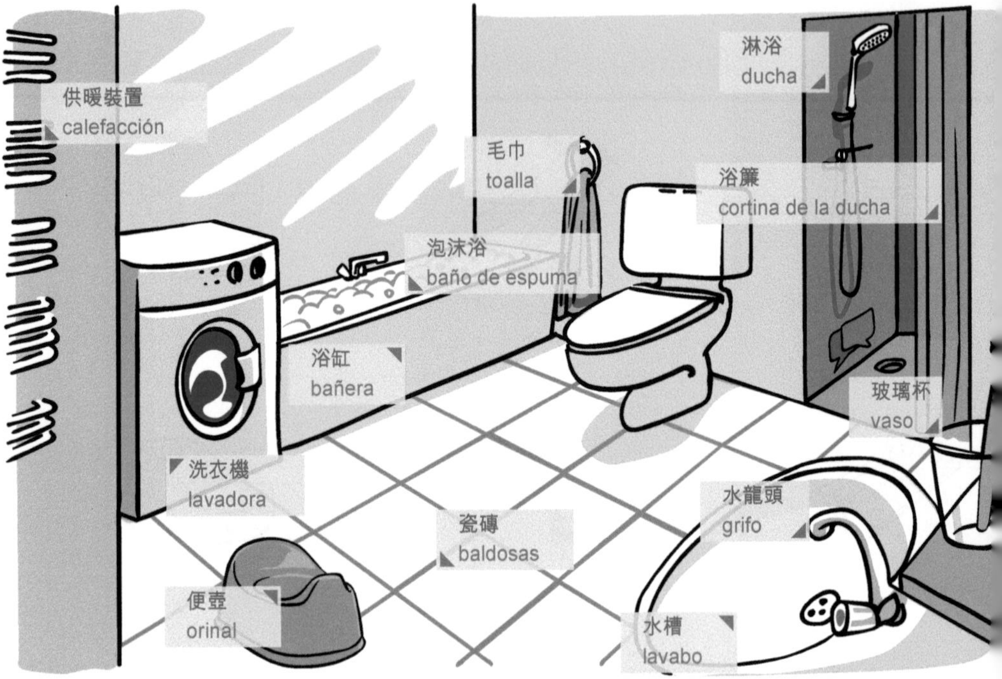

供暖裝置
calefacción
淋浴
ducha
毛巾
toalla
浴簾
cortina de la ducha
泡沫浴
baño de espuma
浴缸
bañera
玻璃杯
vaso
洗衣機
lavadora
水龍頭
grifo
瓷磚
baldosas
便壺
orinal
水槽
lavabo

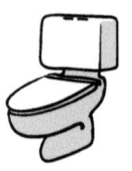

廁所
inodoro

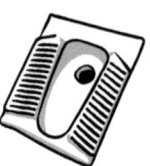

蹲便器
inodoro rústico

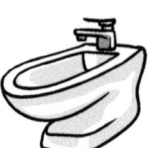

坐浴器
bidé

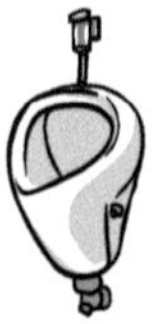

小便斗
urinario

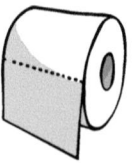

廁紙
papel higiénico

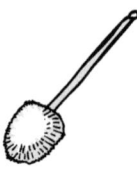

馬桶刷
escobilla del váter

牙刷

cepillo de dientes

牙膏

pasta de dientes

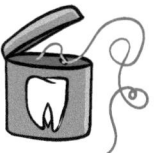

牙線

hilo dental

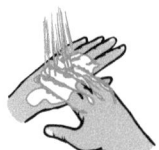

洗

lavar

手持式蓮蓬頭

ducha de mano

沖洗器

ducha íntima

洗臉盆

pila

洗背刷

cepillo de espalda

肥皂

jabón

沐浴露

gel de ducha

洗髮乳

champú

法蘭絨

toallita

排水

desagüe

乳霜

crema

除臭劑

desodorante

浴室 - cuarto de baño

鏡子

espejo

手鏡

espejo de tocador

刮鬍刀

maquinilla de afeitar

刮鬍泡沫

espuma de afeitar

鬚後水

loción postafeitado

梳子

peine

刷子

cepillo

吹風機

secador

噴髮定型劑

laca

化妝品

maquillaje

唇膏

pintalabios

指甲油

pintauñas

化妝棉

algodón

指甲剪

cortauñas

香水

perfume

洗漱包

estuche de viaje

凳子

banqueta

計重秤

balanza

浴袍

albornoz

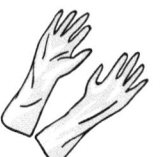

橡膠手套

guantes de goma

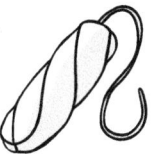

衛生棉條

tampón

衛生棉

compresa

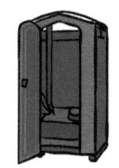

化學廁所

inodoro químico

兒童房

habitación de los niños

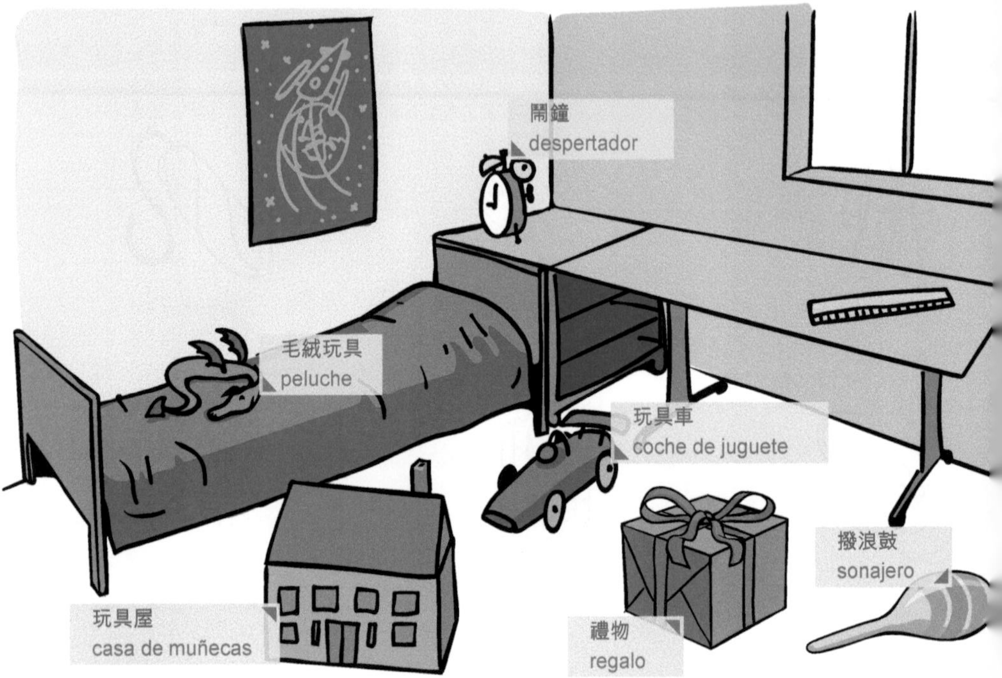

鬧鐘
despertador
毛絨玩具
peluche
玩具車
coche de juguete
撥浪鼓
sonajero
玩具屋
casa de muñecas
禮物
regalo

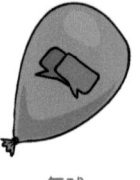

氣球

globo

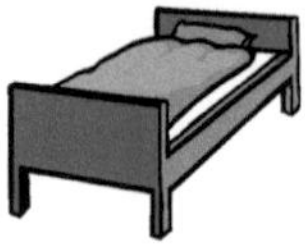

床

cama

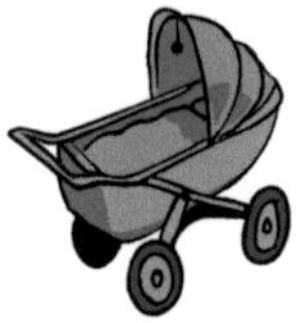

嬰兒車

coche de niño

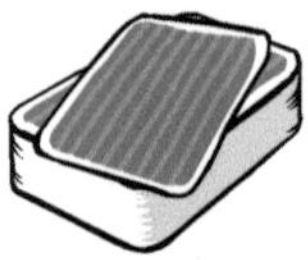

撲克牌

naipes

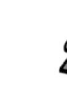

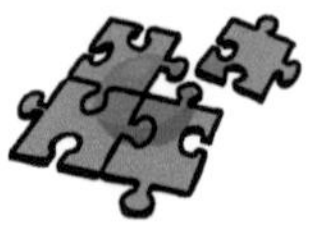

拼圖

puzle

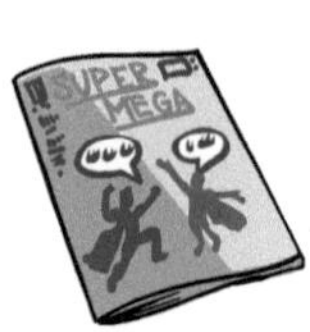

SUPER
MEGA

漫畫

tebeo

樂高積木

piezas de lego

積木玩具

bloques de juguete

公仔

figura de acción

嬰兒服

bodi (de bebé)

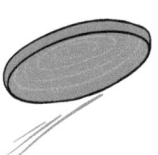

飛盤

frisbee

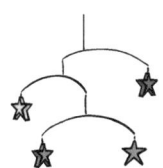

床鈴玩具

colgador móvil para bebés

棋盤遊戲

juego de mesa

骰子

dados

火車模型

circuito de tren eléctrico

安撫奶嘴

maniquí

派對

fiesta

繪本

álbum de fotos

球

pelota

洋娃娃

muñeca

玩

jugar

沙坑

cajón de arena

鞦韆

columpio

玩具

juguetes

電玩遊戲

videoconsola

三輪車

triciclo

泰迪熊

oso de peluche

衣櫃

guardarropa

衣服

ropa

襪子

calcetines

長襪

medias

緊身褲

leotardos

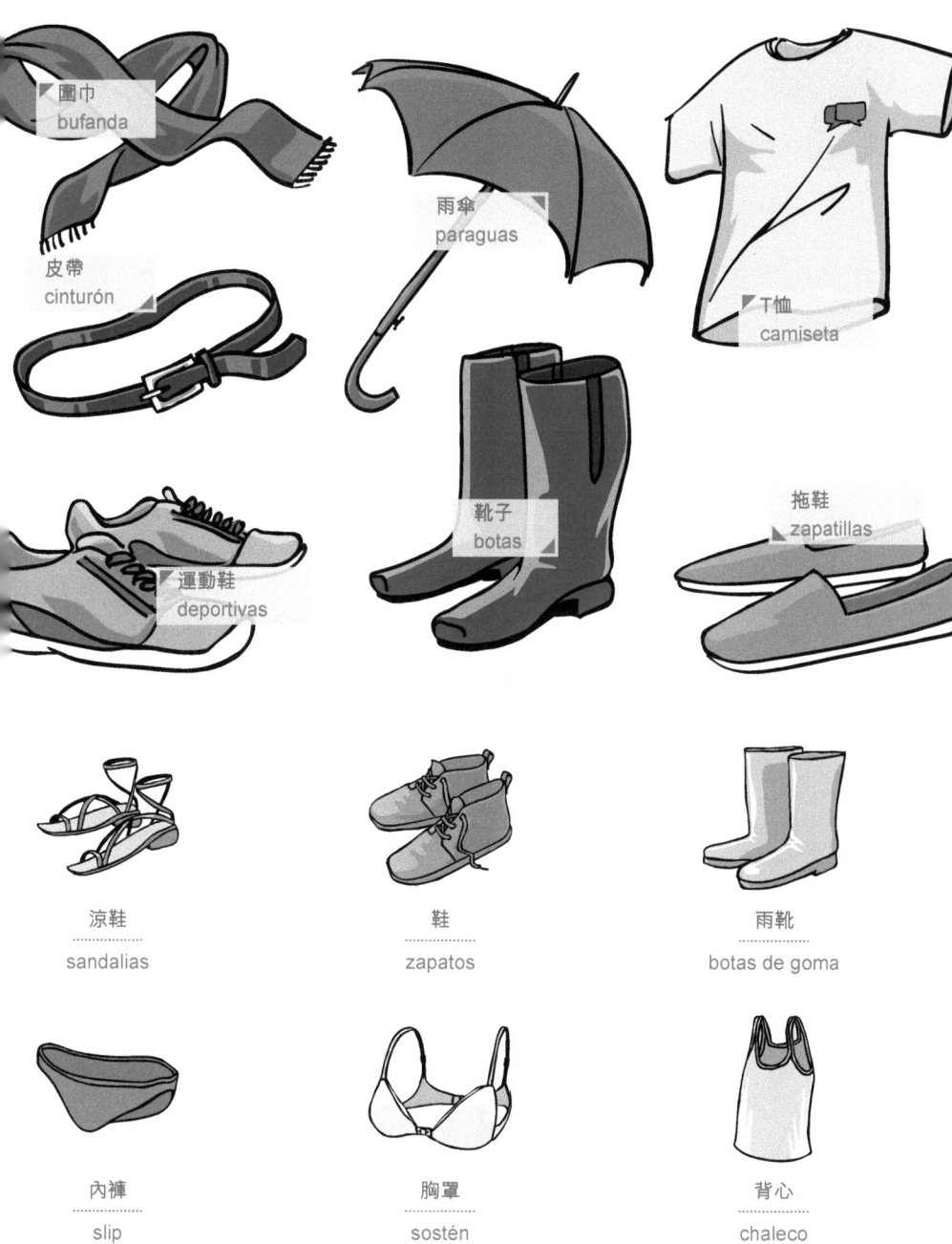

圍巾
bufanda

皮帶
cinturón

雨傘
paraguas

T恤
camiseta

運動鞋
deportivas

靴子
botas

拖鞋
zapatillas

涼鞋
....
sandalias

鞋
....
zapatos

雨靴
....
botas de goma

內褲
....
slip

胸罩
....
sostén

背心
....
chaleco

身體

bodi

褲子

pantalones

牛仔褲

vaqueros

短裙

falda

女式襯衫

blusa

襯衫

camisa

套頭衫

jersey

連帽上衣

suéter

西裝夾克

blazer

夾克

chaqueta

外套

abrigo

雨衣

gabardina

套裝

traje

連衣裙

vestido

婚紗

vestido de novia

西裝
traje

睡袍
camisón

睡衣
pijama

莎麗
sari

頭巾
bandana

包頭巾
turbante

波卡
burka

卡夫坦
caftán

(阿拉伯式)長袍
abaya

泳衣
traje de baño

男式泳褲
bañador

短褲
pantalones cortos

運動服
chándal

圍裙
delantal

手套
guantes

鈕扣

botón

眼鏡

gafas

手鏈

brazalete

項鍊

collar

戒指

anillo

耳環

pendiente

便帽

gorra

衣架

percha

帽子

sombrero

領帶

corbata

拉鍊

cremallera

安全帽

casco

背帶

tirantes

校服

uniforme escolar

制服

uniforme

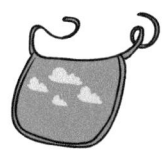

圍兜

babero

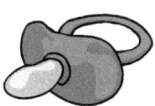

安撫奶嘴

maniquí

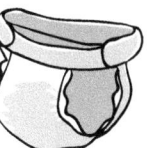

尿布

pañal

辦公室
oficina

伺服器
servidor
檔案櫃
archivo
紙
papel
印表機
impresora
螢幕
monitor
滑鼠
ratón
辦公桌
escritorio
資料夾
carpeta
鍵盤
teclado
椅子
silla
廢紙簍
papelera
電腦
ordenador

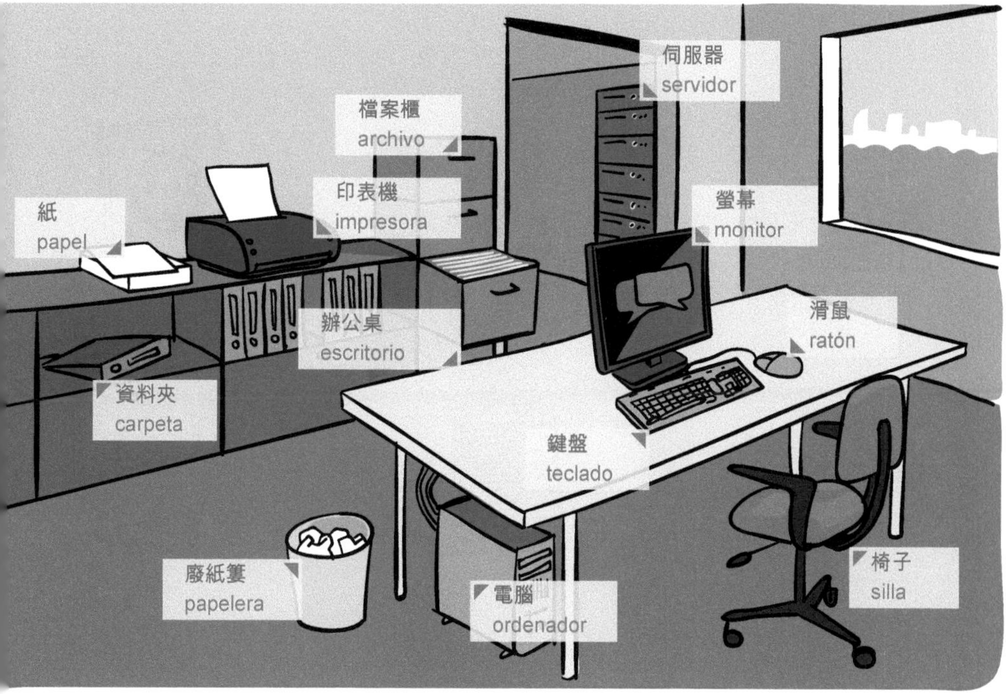

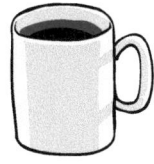

咖啡杯

taza de café

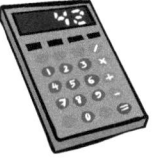

計算機

calculadora

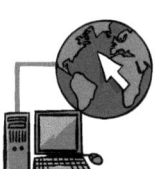

網際網路

internet

筆記型電腦

portátil

信件

carta

簡訊

mensaje

行動電話

móvil

網路

red

影印機

fotocopiadora

軟體

software

電話

teléfono

插座

toma de corriente

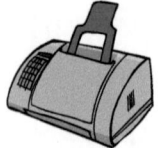

傳真機

fax

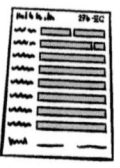

表格

formulario

檔案

documento

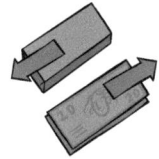

買

comprar

付錢

pagar

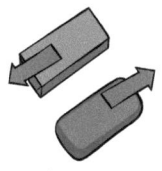

交易

comerciar

現金

dinero

美元

dólar

歐元

euro

日元

yen

盧布

rublo

瑞士法郎

franco suizo

人民幣

renminbi yuan

盧比

rupia

提款處

cajero automático

外幣兌換處

oficina de cambio de divisas

金

oro

銀

plata

石油

petróleo

能源

energía

價格

precio

合約

contrato

稅金

impuesto

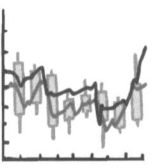

股票

acción

工作

trabajar

職員

empleado

老闆

empleador

工廠

fábrica

商店

tienda

職業

oficios

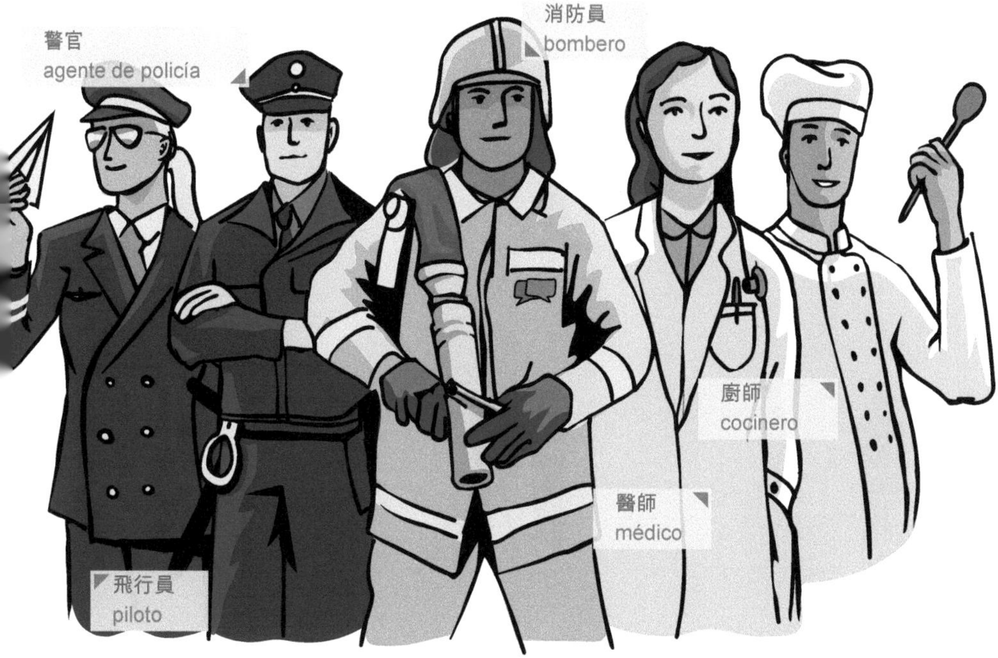

警官
agente de policía
消防員
bombero
廚師
cocinero
醫師
médico
飛行員
piloto

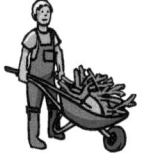

園丁

jardinero

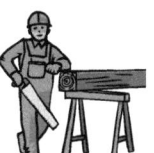

木匠

carpintero

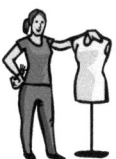

裁縫

costurera

法官

juez

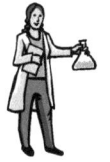

化學家

farmacéutico

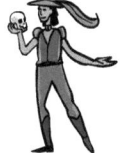

演員

actor

公車司機

conductor de autobús

計程車司機

taxista

漁夫

pescador

清洗女工

señora de la limpieza

屋頂工

techador

服務生

camarero

獵人

cazador

畫家

pintor

麵包師

panadero

電工

electricista

建築工人

obrero

工程師

ingeniero

屠夫

carnicero

水管工

fontanero

郵差

cartero

士兵

soldado

建築師

arquitecto

收銀員

cajero

花農

florista

理髮師

peluquero

售票員

revisor

機械技師

mecánico

船長

capitán

牙醫

dentista

科學家

científico

拉比

rabino

伊瑪目

imán

和尚

monje

牧師

sacerdote

工具
herramientas

鐵錘
martillo
鉗子
alicates
螺絲起子
destornillador
扳手
llave
手電筒
linterna

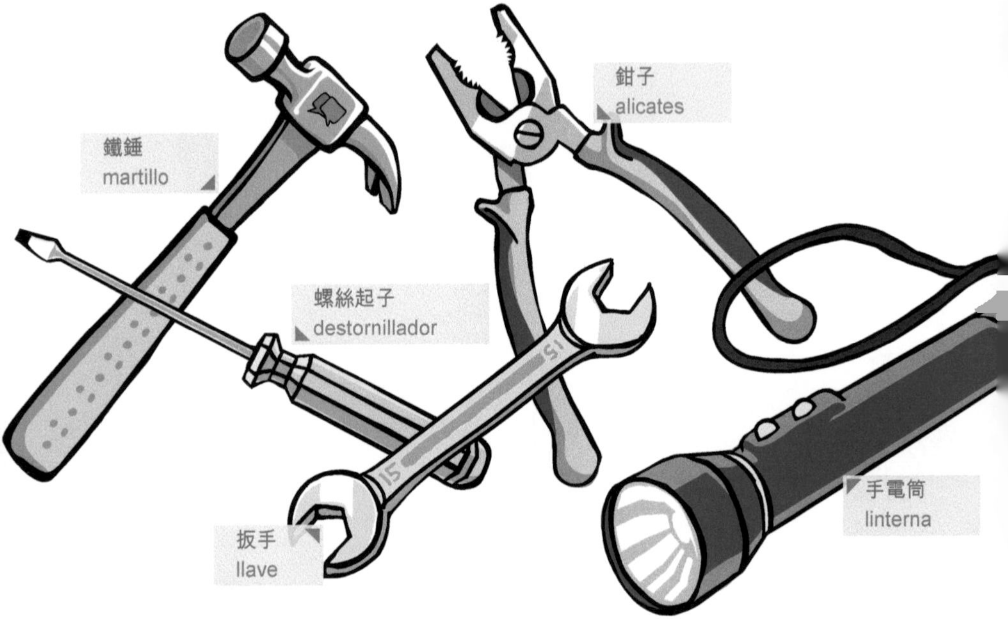

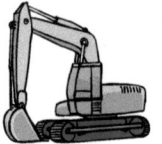

挖掘機

excavadora

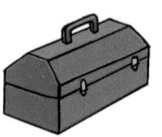

工具箱

caja de herramientas

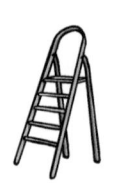

梯子

escalera de mano

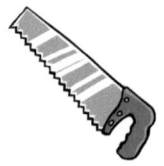

鋸子

sierra

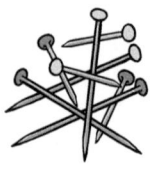

釘子

clavos

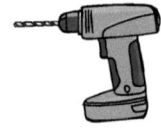

鑽機

taladro

修
reparar

鏟子
pala

糟糕！
¡Maldita sea!

畚箕
recogedor

油漆桶
bote de pintura

螺絲
tornillos

樂器

instrumentos musicales

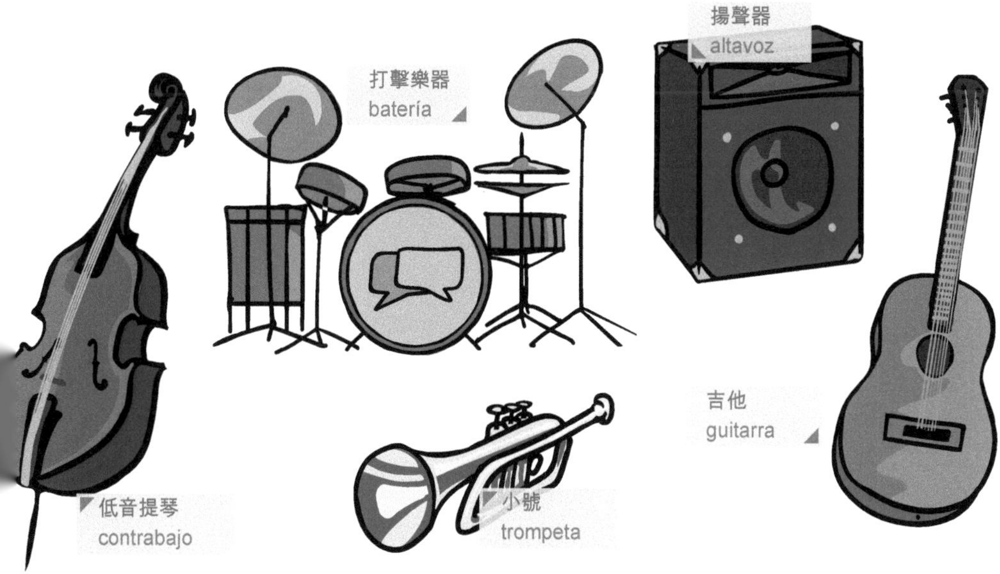

打擊樂器
batería

揚聲器
altavoz

吉他
guitarra

低音提琴
contrabajo

小號
trompeta

鋼琴

piano

小提琴

violín

貝斯

bajo

定音鼓

timbales

鼓

tambor

電子琴

teclado

薩克斯風

saxofón

長笛

flauta

麥克風

micrófono

動物園

ZOO

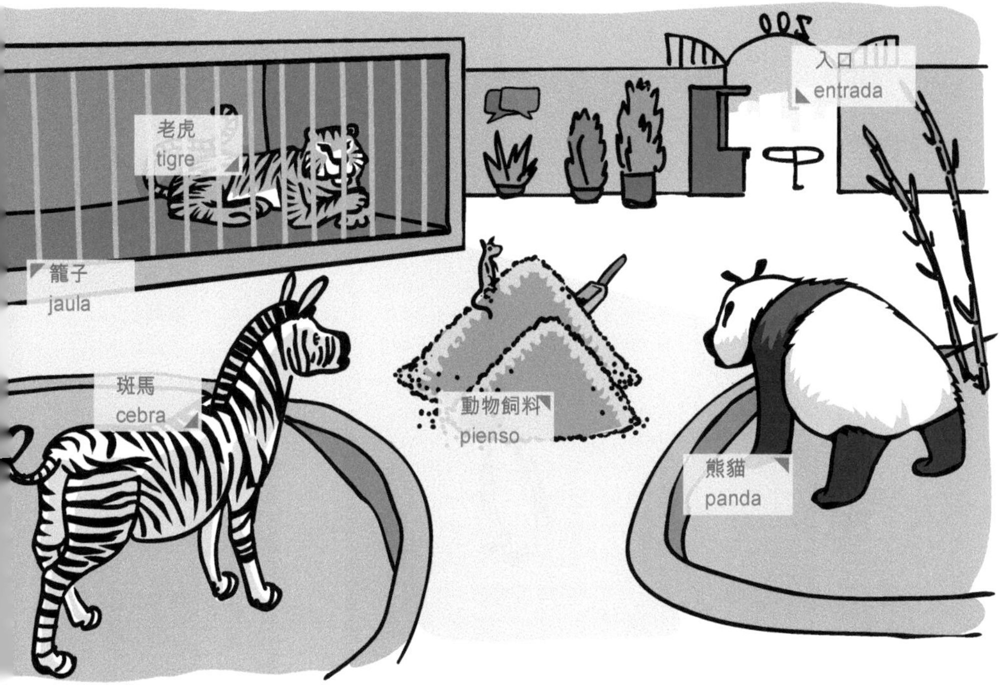
入口
entrada
老虎
tigre
籠子
jaula
斑馬
cebra
動物飼料
pienso
熊貓
panda

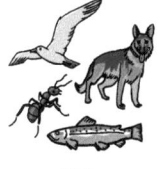

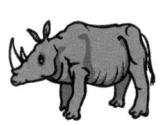

動物

animales

大象

elefante

袋鼠

canguro

犀牛

rinoceronte

大猩猩

gorila

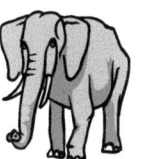

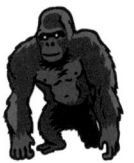

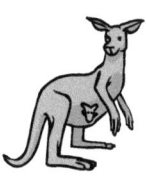

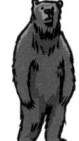

熊

oso

駱駝

camello

鴕鳥

avestruz

獅子

león

猴子

mono

紅鶴

flamingo

鸚鵡

loro

北極熊

oso polar

企鵝

pingüino

鯊魚

tiburón

孔雀

pavo real

蛇

serpiente

鱷魚

cocodrilo

動物園管理員

guardián de zoológico

海豹

foca

美洲豹

jaguar

矮種馬

poni

豹

leopardo

河馬

hipopótamo

長頸鹿

jirafa

老鷹

águila

野豬

jabalí

魚

pescado

龜

tortuga

海象

morsa

狐狸

zorro

羚羊

gacela

橄欖球
fútbol americano

騎腳踏車
ciclismo

網球
tenis

籃球
baloncesto

游泳
natación

拳擊
boxeo

冰球
hockey sobre hielo

美式足球

fútbol

羽毛球

bádminton

田徑

atletismo

手球

balonmano

滑雪

esquí

馬球

polo

活動
actividades

跳
saltar
擁抱
abrazar
笑
reír
走路
caminar
唱
cantar
做夢
soñar
祈禱
rezar
親吻
besar

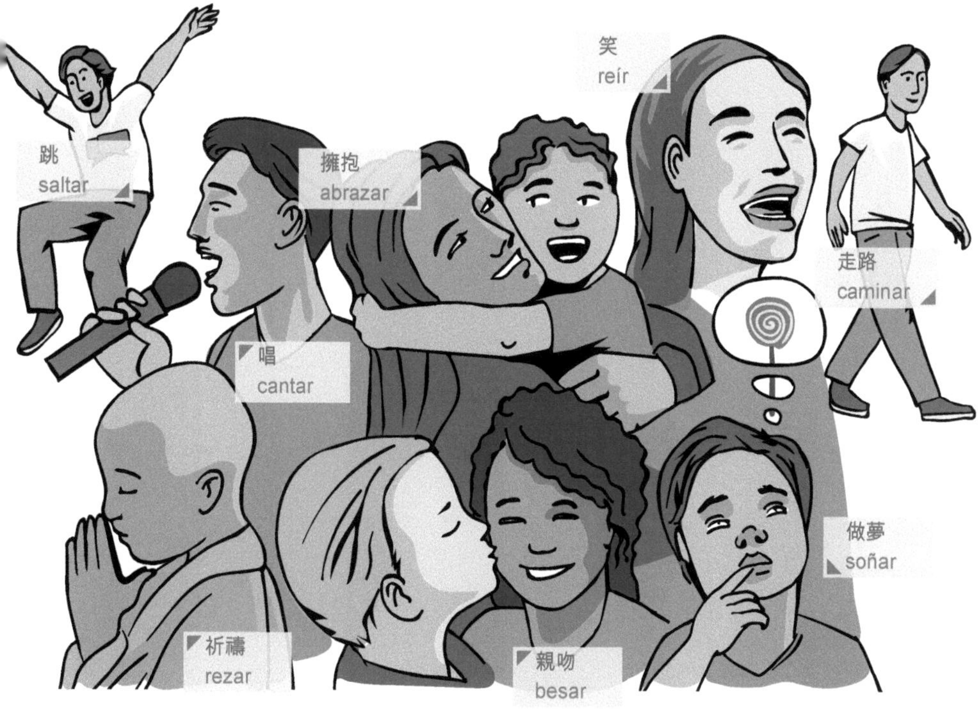

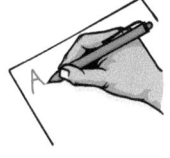

書寫

escribir

畫

dibujar

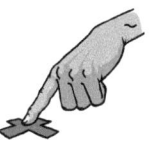

展示

mostrar

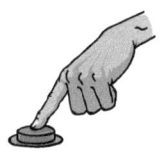

推

empujar

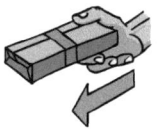

給

dar

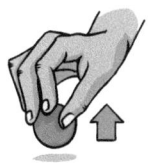

拿

tomar

有
tener

做
hacer

當
ser

站
estar de pie

跑
correr

拉
tirar

丟
tirar

摔倒
caer

躺
yacer

等待
esperar

攜帶
llevar

坐
estar sentado

穿衣
vestirse

睡覺
dormir

醒來
despertar

看
mirar

哭
llorar

擊
acariciar

梳頭
peinar

交談
hablar

明白
entender

問
preguntar

聽
escuchar

喝
beber

吃
comer

清理
ordenar

愛
amar

做飯
cocinar

開車
conducir

飛
volar

航行

navegar

計算

calcular

讀

leer

學習

aprender

工作

trabajar

結婚

casarse

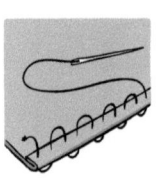

縫

coser

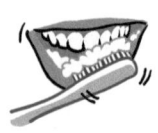

刷牙

cepillarse los dientes

殺

matar

抽菸

fumar

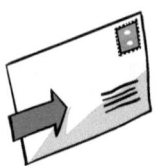

寄

enviar

祖母
abuela

祖父
abuelo

父親
padre

母親
madre

嬰兒
bebé

女兒
hija

兒子
hijo

客人
invitado

阿姨
tía

叔叔
tío

兄弟
hermano

姐妹
hermana

身體

cuerpo

前額
frente
眼睛
ojo
肩膀
hombro
手指
dedo
臉
cara
下巴
barbilla
手
mano
腿
pierna
乳房
pecho
手臂
brazo

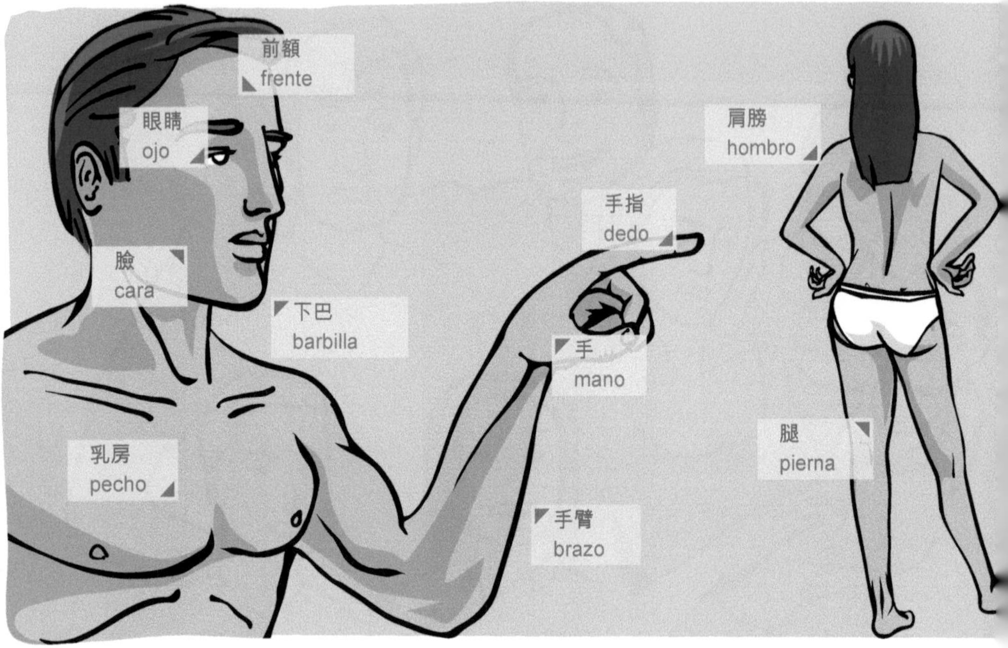

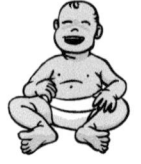

嬰兒

bebé

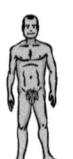

男人

hombre

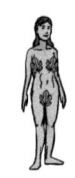

女人

mujer

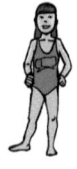

女孩

chica

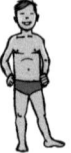

男孩

chico

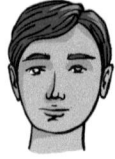

頭

cabeza

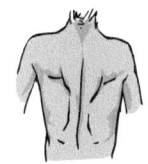

背部

espalda

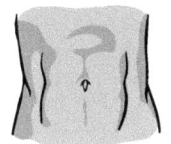

肚子

vientre

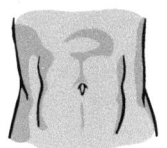

肚臍

ombligo

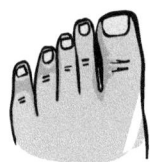

腳趾

dedo del pie

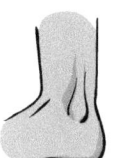

腳後跟

talón

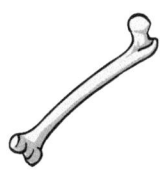

骨頭

hueso

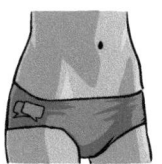

臀部

cadera

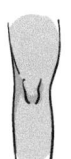

膝蓋

rodilla

手肘

codo

鼻子

nariz

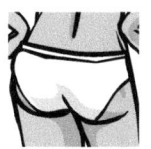

屁股

trasero

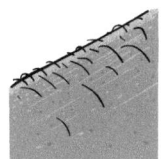

皮膚

piel

臉頰

mejilla

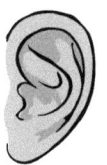

耳朵

oído

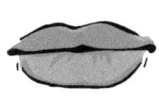

嘴唇

labio

嘴
boca

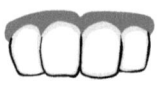

牙齒
diente

舌頭
lengua

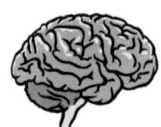

腦
cerebro

心臟
corazón

肌肉
músculo

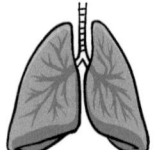

肺
pulmón

肝臟
hígado

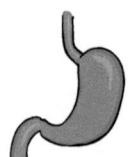

胃
estómago

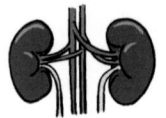

腎臟
riñones

性交
sexo

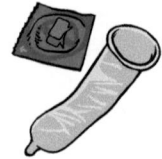

保險套
condón

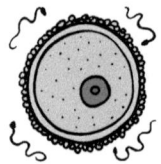

卵子
ovario

精子
semen

懷孕
embarazo

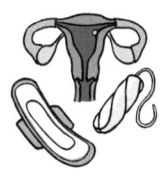

月事

menstruación

陰道

vagina

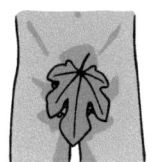

陰莖

pene

眉毛

ceja

頭髮

pelo

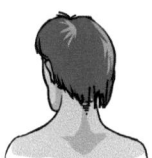

脖子

cuello

醫院
hospital

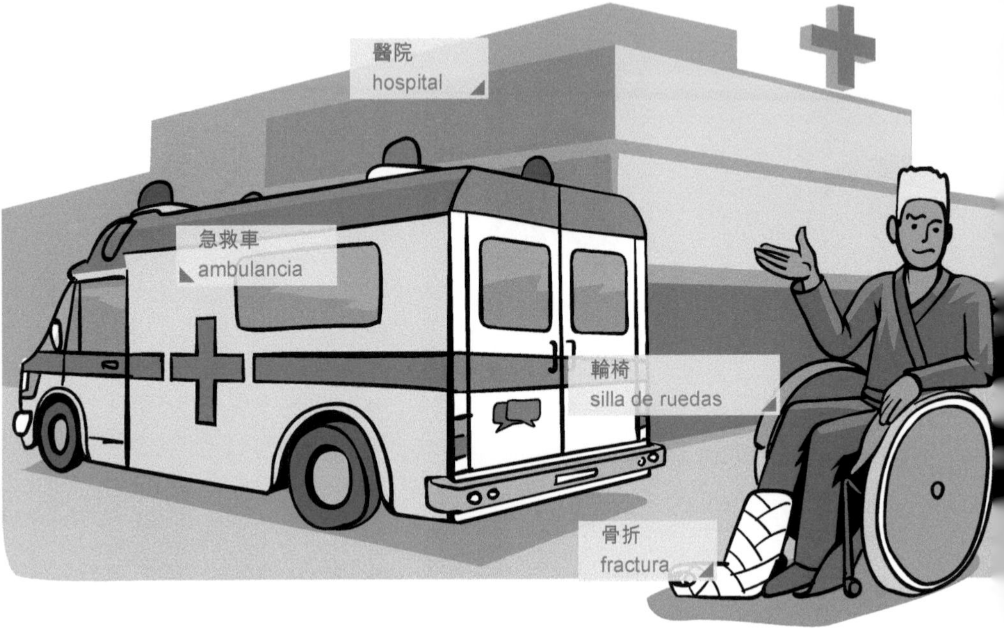

醫院
hospital
急救車
ambulancia
輪椅
silla de ruedas
骨折
fractura

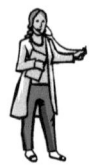

醫師

médico

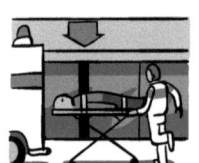

急診室

sala de urgencias

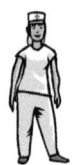

護理師

enfermera

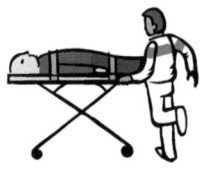

緊急情形

urgencia

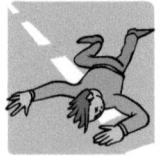

昏迷

inconsciente

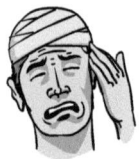

痛

dolor

受傷

lesión

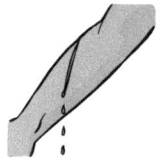

出血

hemorragia

心臟病發作

infarto

中風

ictus

過敏

alergia

咳嗽

tos

發燒

fiebre

流感

gripe

腹瀉

diarrea

頭痛

dolor de cabeza

癌症

cáncer

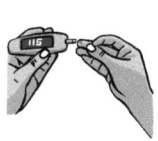

糖尿病

diabetes

外科醫師

cirujano

手術刀

bisturí

手術

operación

電腦斷層掃描

TAC

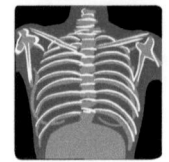

X光

rayos x

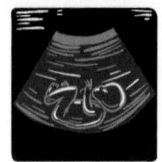

超音波

ultrasonido

口罩

mascarilla

疾病

enfermedad

候診室

sala de espera

拐杖

muleta

石膏

tirita

繃帶

venda

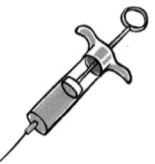

注射

inyección

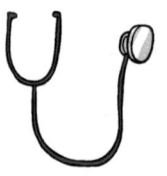

聽診器

estetoscopio

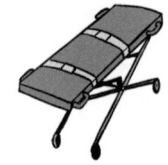

擔架

camilla

體溫計

termómetro

出生

nacimiento

超重

sobrepeso

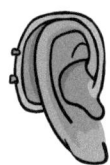

助聽器

audífono

消毒液

desinfectante

感染

infección

病毒

virus

愛滋病

VIH / SIDA

藥物

medicina

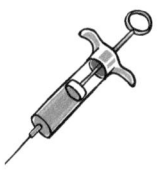

接種疫苗

vacunación

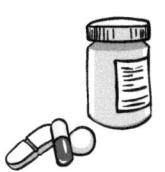

藥片

tabletas

藥丸

pastilla

急救電話

llamada de urgencia

血壓計

tensiómetro

生病/健康

enfermo / sano

救命！

¡Socorro!

突擊

asalto

攻擊

ataque

危險

peligro

緊急出口

salida de emergencia

失火了！

¡Fuego!

滅火器

extintor de incendios

意外

accidente

急救箱

botiquín de primeros
auxilios

警報

alarma

呼救訊號

SOS

員警

policía

歐洲

Europa

北美洲

Norteamérica

南美洲

Sudamérica

非洲

África

亞洲

Asia

澳洲

Australia

大西洋

Atlántico

太平洋

Pacífico

印度洋

Océano Índico

南冰洋

Océano Antártico

北冰洋

Océano Ártico

北極

polo norte

南極
polo sur

南極洲
Antártida

地球
tierra

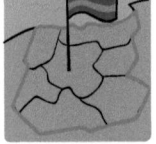

陸地
tierra

海
mar

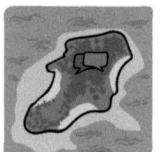

島
isla

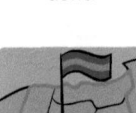

國家
nación

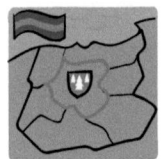

州
estado

錶盤

esfera

時針

manecilla de las horas

分針

minutero

秒針

segundero

現在幾點？

¿Qué hora es?

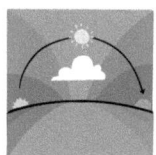

天

día

時間

tiempo

現在

ahora

電子錶

reloj digital

分

minuto

時

hora

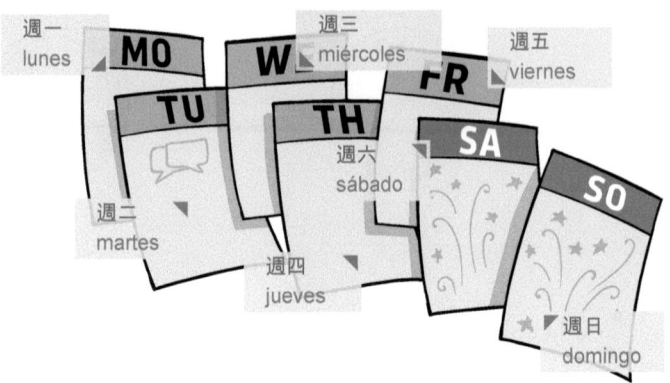

週一
lunes

週三
miércoles

週五
viernes

週二
martes

週六
sábado

週四
jueves

週日
domingo

昨天

ayer

今天

hoy

明天

mañana

早晨

mañana

中午

mediodía

晚上

tarde

MO	TU	WE	TH	FR	SA	SU
1	2	3	4	5	6	7
8	9	10	11	12	13	14
15	16	17	18	19	20	21
22	23	24	25	26	27	28
29	30	31	1	2	3	4

工作日

días laborables

MO	TU	WE	TH	FR	SA	SU
1	2	3	4	5	6	7
8	9	10	11	12	13	14
15	16	17	18	19	20	21
22	23	24	25	26	27	28
29	30	31	1	2	3	4

週末

fin de semana

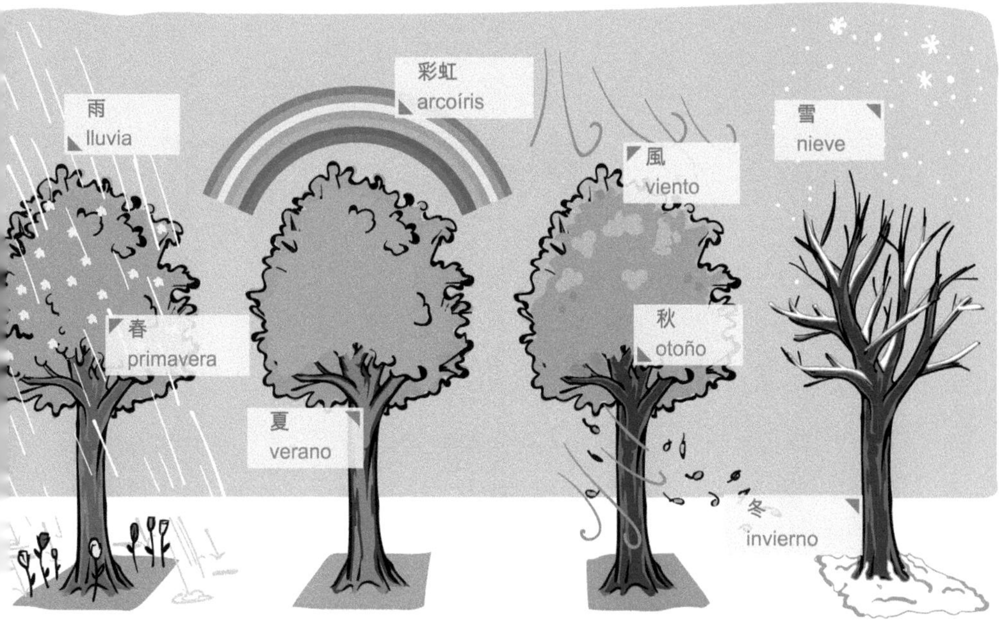

雨
lluvia
彩虹
arcoíris
風
viento
雪
nieve
春
primavera
夏
verano
秋
otoño
冬
invierno

4.APRIL 11°
5.APRIL 4°
6.APRIL 13°
7.APRIL 8°
8.APRIL 10°

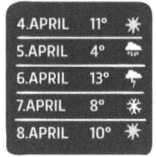

天氣預告

pronóstico del tiempo

F C
120 40
90 30
60 20
30 10
0 0
-30 -10
-20

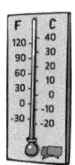

溫度計

termómetro

陽光

sol

雲

nube

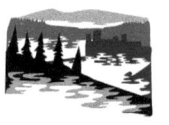

霧

niebla

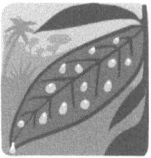

潮濕

humedad

閃電

rayo

打雷

trueno

風暴

tormenta

冰雹

granizo

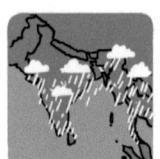

季風

monzón

洪水

inundación

冰

hielo

一月

enero

二月

febrero

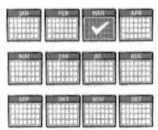

三月

marzo

四月

abril

五月

mayo

六月

junio

七月

julio

八月

agosto

年 - año

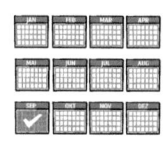

九月

septiembre

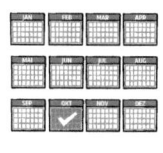

十月

octubre

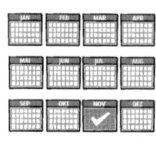

十一月

noviembre

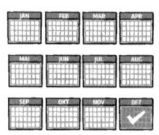

十二月

diciembre

形狀
formas

圓形

círculo

正方形

cuadrado

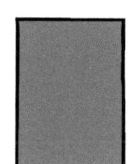

長方形

rectángulo

三角形

triángulo

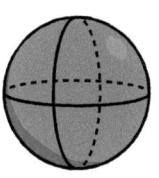

球體

esfera

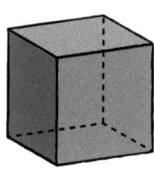

立方體

cubo

顔色
colores

白

blanco

黄

amarillo

橙

anaranjado

粉

rosa

紅

rojo

紫

morado

藍

azul

綠

verde

棕

marrón

灰

gris

黑

negro

很多/少許

mucho / poco

生氣/平靜

enojado / tranquilo

美/醜

bonito / feo

首/尾

principio / fin

大/小

grande / pequeño

明/暗

claro / oscuro

兄弟/姐妹

hermano / hermana

乾淨/骯髒

limpio / sucio

完整/缺失

completo / incompleto

白天/晚上

día / noche

死/生

muerto / vivo

寬/窄

ancho / estrecho

可食用/非食用

comestible / no comestible

邪惡/善良

malo / amable

興奮/無聊

entusiasmado / aburrido

胖/瘦

gordo / delgado

第一/最後

primero / último

朋友/敵人

amigo / enemigo

滿/空

lleno / vacío

硬/軟

duro / blando

重/輕

pesado / ligero

餓/渴

hambre / sed

生病/健康

enfermo / sano

非法/合法

ilegal / legal

聰明/愚笨

inteligente / tonto

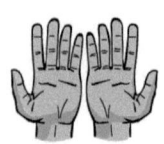

左/右

izquierda / derecha

近/遠

cerca / lejos

新/舊

nuevo / usado

沒有/有些

nada / algo

老/幼

viejo / joven

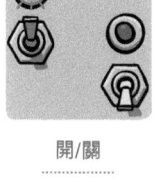

開/關

encendido / apagado

打開/闔上

abierto / cerrado

安靜/吵鬧

silencioso / ruidoso

富/窮

rico / pobre

對/錯

correcto / incorrecto

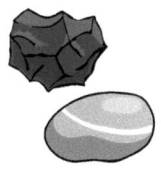

粗糙/光滑

áspero / suave

傷心/高興

triste / contento

短/長

corto / largo

慢/快

lento / rápido

濕/乾

húmedo / seco

溫暖/涼爽

cálido / frío

戰爭/和平

guerra / paz

0	**1**	**2**
零	一	二
cero	uno	dos

3	**4**	**5**
三	四	五
tres	cuatro	cinco

6	**7**	**8**
六	七	八
seis	siete	ocho

9	**10**	**11**
九	十	十一
nueve	diez	once

12

十二

doce

13

十三

trece

14

十四

catorce

15

十五

quince

16

十六

dieciséis

17

十七

diecisiete

18

十八

dieciocho

19

十九

diecinueve

20

二十

veinte

100

百

cien

1.000

千

mil

1.000.000

百萬

millón

語言
idiomas

英語
inglés

美式英語
inglés americano

普通話
chino mandarín

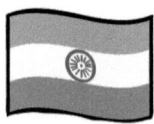

印地語
hindi

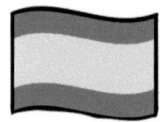

西班牙語
español

法語
francés

阿拉伯語
árabe

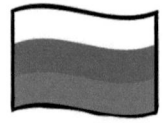

俄語
ruso

葡萄牙語
portugués

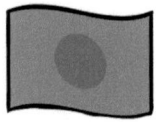

孟加拉語
bengalí

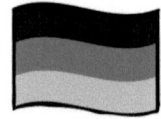

德語
alemán

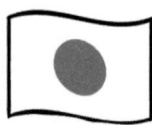

日語
japonés

我

yo

你

tú

他/她/它

él / ella / ello

我們

nosotros/as

你們

vosotros/as

他們

ellos/as

誰？

¿quién?

什麼？

¿qué?

如何？

¿cómo?

何處？

¿dónde?

何時？

¿cuándo?

名字

nombre

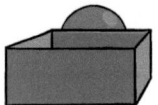

後面

detrás

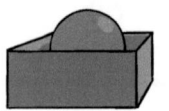

裡面

en

前面

delante de

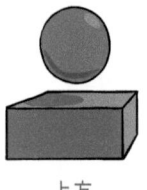

上方

por encima de

上面

sobre

下麵

debajo de

旁邊

junto a

中間

entre

地點

lugar